IN MY FAMILY

EN MI FAMILIA

Paintings and Stories by/Cuadros y relatos de Carmen Lomas Garza
As told to/Contados a Harriet Rohmer
Edited by/Editados por David Schecter
Spanish translation by/Traducidos al español por Francisco X. Alarcón

CHILDREN'S BOOK PRESS / LIBROS PARA NIÑOS
SAN FRANCISCO, CALIFORNIA

Cada vez que pinto, tengo un propósito: fomentar el orgullo en nuestra cultura méxico-americana. Cuando era niña, a muchos de nosotros nos castigaban por hablar español. Nos castigaban por ser quienes éramos y nos hacían sentir vergüenza por nuestra cultura. Eso era muy malo. Mi arte es una manera de sanar estas heridas, como la planta de sávila (aloe vera) que sana quemaduras y cortadas cuando nos la unta uno de nuestros queridos padres o abuelos.

Las pinturas y los relatos en este libro son mis memorias de cuando era niña en Kingsville, Tejas, cerca de la frontera con México. Éste es mi segundo libro de cuadros familiares.

— *Carmen Lomas Garza*

*E*very time I paint, it serves a purpose — to bring about pride in our Mexican
American culture. When I was growing up, a lot of us were punished for
speaking Spanish. We were punished for being who we were, and we were
made to feel ashamed of our culture. That was very wrong. My art is a way of
healing these wounds, like the sávila plant (aloe vera) heals burns and scrapes
when applied by a loving parent or grandparent.

*The paintings and stories in this book are my memories of growing up in
Kingsville, Texas, near the border with Mexico. This is my second book of
family pictures.*

— Carmen Lomas Garza

The horned toads

When we were kids, my mother and grandmother would get mad at us for playing in the hot sun in the middle of the day. They'd say we were just like the horned toads at high noon, playing outside without a care.

I was fascinated by the horned toads. They're shaped like frogs, but they're not frogs. They're lizards. They have horns all over their bodies to protect them from bigger animals that want to eat them.

Here's my brother Arturo, trying to feed an ant to a horned toad. I'm behind him, on my toes, because I don't want the ants to crawl up on me. Those are fire ants. They can really sting.

Los camaleones

Cuando éramos niños, mi mamá y mi abuela se enojaban con nosotros cuando jugábamos bajo el sol caliente del mediodía. Nos decían que éramos como los camaleones al mediodía que juegan sin importarles nada.

Yo estaba fascinada por los camaleones. Se parecen a las ranas, pero no son ranas. Son lagartijas. Tienen cuernos por todo el cuerpo para protegerse de animales más grandes que quieran comérselas.

Aquí está mi hermano Arturo dándole de comer una hormiga a un camaleón. Yo estoy atrás de él, de puntitas, pues no quiero que se me suban las hormigas. Ésas son hormigas coloradas. Son de las que sí pican.

Cleaning nopalitos

This is my grandfather, Antonio Lomas. He's shaving off the thorns from freshly-cut cactus pads, called *nopalitos*. My sister Margie is watching him work.

Nopalitos are called "the food of last resort," because back when there were no refrigerators and your winter food supply would run out, you knew you could eat the cactus pads through the last days of winter and the early days of spring.

My grandmother would boil the *nopalitos* in salt water, cut them up, and stir-fry them with chile and eggs for breakfast.

Limpiando nopalitos

Éste es mi abuelo, Antonio Lomas. Les está quitando las espinas a las pencas recién cortadas, llamadas nopalitos. Mi hermana Margie lo observa hacer esta labor.

Los nopalitos también son conocidos como "la comida del último recurso", pues cuando no había refrigeradores y se acababan las provisiones de comida de invierno, uno sabía que podía comerse las pencas del nopal hasta que terminara el invierno y llegaran los primeros días de la primavera.

Mi abuela hervía los nopalitos en agua con sal, los cortaba en cachitos, y los freía con chile y huevo para el desayuno.

EMPANADAS

Once every year my Aunt Paz and Uncle Beto would make dozens and dozens of *empanadas*, sweet turnovers filled with sweet potato or squash from their garden. They would invite all the relatives and friends to come over, and you could eat as many as you wanted. They lived in a little one-bedroom house, and every surface in the house was covered with a plate of *empanadas*. There was no place to sit down.

There's Uncle Beto, rolling out the dough. Aunt Paz, in the yellow dress with the red flowers, is spreading in the filling. My mother and father are drinking coffee. That's me in the blue dress.

EMPANADAS

Una vez al año mi tía Paz y mi tío Beto hacían docenas y docenas de empanadas, dulces panecillos rellenos de camote o calabaza de su jardín. Invitaban a todos los parientes y amigos a que vinieran a probarlas y uno se podía comer todas las que quisiera. Mis tíos vivían en una casita de un cuarto y todas las superficies disponibles en la casa se cubrían con platos llenos de empanadas. No había lugar donde sentarse.

Allí está mi tío Beto extendiendo con un rodillo la masa. Mi tía Paz, que lleva un vestido amarillo con flores rojas, les pone el relleno. Mi mamá y mi papá toman café. La del vestido azul soy yo.

Empanadas/Tío Beto y Tía Paz
CARMEN LOMAS GARZA 1991

Birthday barbecue

This is my sister Mary Jane's birthday party. She's hitting a piñata that my mother made. My mother also baked and decorated the cake. There she is, bringing the meat that's ready to cook. My father is cooking at the barbecue, which he designed and built himself. My grandfather is shoveling in the coals of mesquite wood.

Underneath the tree are some young teenagers, very much in love. My great uncle is comforting my young cousin, who was crying, and encouraging him to hit the piñata. My grandmother is holding a baby. She was always holding the babies, and feeding them, and putting them to sleep.

Barbacoa para cumpleaños

Ésta es la fiesta de cumpleaños de mi hermana Mary Jane. Ella le pega a la piñata que le hizo mi mamá. Mi mamá también hizo y decoró el pastel. Allí está ella trayendo la carne lista para cocinarse. Mi papá cocina en el horno de barbacoa que diseñó y construyó él mismo. Mi abuelo está con una pala echándole carbón de leña de mezquite.

Bajo el árbol están unos jovencitos muy enamorados. Mi tío consuela a mi primito que llora, y lo anima a que le pegue a la piñata. Mi abuela lleva en brazos a un bebé. Ella siempre llevaba en brazos a los bebés, les daba de comer, y los ponía a dormir.

Easter eggs

This is my parent's dining room. My mother and brothers and sisters and I are gathered around the table decorating eggshells, *cascarones*, for Easter Sunday. We would fill them with confetti, which we made by cutting up newspapers and magazines.

On Easter Sunday, after church, we would go swimming. After swimming, we'd eat, and after eating, we'd bring out the *cascarones*. We would sneak up on our brothers or sisters or friends, break the *cascarones* on their heads, and rub the confetti into their hair. Sometimes my brothers would put flour into the eggshells, so that when they broke them on your wet head, the flour would turn to paste. That's how sneaky my brothers were sometimes.

Cascarones

Éste es el comedor de mis padres. Mi mamá, mis hermanos, mis hermanas y yo estamos alrededor de la mesa decorando cascarones para el Domingo de Pascua. Los llenábamos de confeti, el cual hacíamos cortando pedacitos de periódicos y revistas.

El Domingo de Pascua, después de la iglesia, íbamos a nadar. Después de nadar, comíamos, y después de comer, sacábamos los cascarones. Sin que nos vieran, sorprendíamos a nuestros hermanos o amigos y les quebrábamos los cascarones en sus cabezas, revolviéndoles el confeti en todo el cabello. Algunas veces mis hermanos les ponían harina a los cascarones para que al quebrarse sobre el cabello mojado la harina se hiciera una pasta. Así eran de traviesos mis hermanos en ocasiones.

Earache treatment

I remember watching my mother and father go out to the front porch with a bucket of water. My mother took a sheet of newspaper, rolled it up into a cone shape, and placed it on my father's ear. She kept telling us to stay back. She very briefly ignited the paper, then threw it into the water to extinguish it. I was amazed.

You see, my father would sometimes get water trapped in his outer ear when he went swimming, because of an injury when he was in the Navy during World War II. This treatment, called *ventosa*, would create a vacuum and evaporate the water.

Ventosa

Recuerdo ver a mi mamá y a mi papá salir al porche de la casa con una cubeta de agua. Mi mamá tomaba una hoja de periódico, la enrollaba en forma de cono y le ponía la punta en el oído de mi papá. Nos repetía que no nos acercáramos. Rápidamente le prendía fuego al papel y luego lo tiraba en el agua para apagarlo. Yo me quedaba sorprendida.

Resulta que a mi papá algunas veces se le quedaba agua atrapada en la parte exterior de su oído cuando iba a nadar, debido a una herida que tuvo cuando estaba en la Marina durante la Segunda Guerra Mundial. Este tratamiento, llamado ventosa, creaba un vacío y evaporaba el agua.

CARMEN LOMAS GARZA
©1989

Healer

This is Doña Maria, a *curandera* or healer. My mother asked her to do a cleansing on my youngest sister, Mary Jane, who had changed from a nice little pre-teen to a very rebellious teenager. The *curandera* came every day for about two weeks. She would burn copal incense, read a prayer, and brush my sister with the branches from a *ruda* plant.

My sister got better after this. She calmed down and made peace with my mother. Besides being a healer, the *curandera* was also a counselor. She helped my mother and my sister communicate. I think that's why my sister got better.

Curandera

Ésta es doña María, una curandera. Mi mamá le pidió que le hiciera una limpieza a mi hermana menor, Mary Jane. De una buena niña, ella se había convertido en una jovencita muy rebelde. La curandera vino a la casa todos los días por dos semanas. Quemaba incienso de copal, leía un rezo, y barría a mi hermana con ramas de ruda.

Después de esto mi hermana se puso mejor. Se calmó e hizo las paces con mi mamá. Además de curar, la curandera también era consejera. Le ayudó a mi mamá y a mi hermana a comunicarse. Yo creo que por eso se mejoró mi hermana.

THE WEEPING WOMAN

My grandmother used to tell stories about *la Llorona*, the weeping woman. The one I remember best is that she was a woman in Mexico whose children were starving. She couldn't stand it, so she drowned them in a river, then drowned herself. Her soul still roams the earth, looking for her children.

Across the street from our house was an empty lot, with spiders and snakes and who knows what else. My parents would say, "If you go there, *la Llorona* will get you." In my imagination the street became the river where *la Llorona* drowned her children. I imagined that the children were floating in the river, and that *la Llorona* was there, reaching out for them.

LA LLORONA

Mi abuela nos contaba historias de la Llorona. La que mejor recuerdo es que era una mujer en México cuyos hijos se morían de hambre. Como no podía soportar esto, los ahogó en un río y luego se ahogó ella misma. Desde entonces su alma recorre la tierra en busca de sus hijos.

Al cruzar la calle de nuestra casa se encontraba un terreno baldío, con arañas, víboras y quién sabe qué otras cosas. Mis padres nos decían: —Si van por allí, los va a agarrar la Llorona—. En mi imaginación la calle se convertía en el río donde la Llorona ahogó a sus hijos. Me imaginaba que los niños flotaban en el río y que la Llorona estaba allí, tratando de alcanzarlos.

THE VIRGIN OF GUADALUPE

The Virgin of Guadalupe appeared to the Indian, Juan Diego, outside Mexico City in 1531. The Virgin said to Juan Diego, "Go ask the Bishop to build a church for me here." But the Bishop didn't believe that Juan Diego had seen the Virgin. So the Virgin told Juan Diego, "Go back, and take these with you." Suddenly, Juan Diego saw roses, blooming roses, even though it wasn't the blooming time of year. This time the Bishop was astonished. Not only did he see the roses, he also saw—on Juan Diego's cloak—an image of the Virgin of Guadalupe.

I painted this picture for a Filipina woman who loved the Virgin of Guadalupe. That's her in the painting, with her four sons.

LA VIRGEN DE GUADALUPE

La Virgen de Guadalupe se le apareció al indio Juan Diego a las afueras de la Ciudad de México en 1531. Ella le dijo que le pidiera al obispo que le construyera una iglesia en su honor. Cuando el obispo no creyó que Juan Diego hubiera visto a la Virgen, ésta le dijo a Juan Diego: —Regresa y llévate estas rosas—. De pronto Juan Diego vio rosas, rosas en plena flor, aunque no era la temporada en que florecen. Cuando Juan Diego regresó, no sólo se quedó maravillado el obispo al ver las rosas sino que también vio la imagen de la Virgen de Guadalupe en la tilma de Juan Diego.

Hice este cuadro para una señora filipina muy devota de la Virgen de Guadalupe. En la pintura se halla ella junto con sus cuatro hijos.

CARMEN LOMAS GARZA
©1991

The miracle

One day my mother heard that an image of the Virgin of Guadalupe had appeared on the water tank of a little ranch in south Texas. We got in the truck and drove out to see. There was a constant stream of people making a pilgrimage to the site, bringing flowers and offerings. Not everybody could see the image, but most people could.

Two young cowboys had shot some rattlesnakes and hung them at the foot of the water tank. They were warning people not to go into the cotton fields because there were rattlesnakes out there.

I'm in the blue dress, holding my mother's hand. And there's my brother Arturo, following us.

El milagro

Un día mi mamá oyó que la imagen de la Virgen de Guadalupe había aparecido en un tanque de agua de un ranchito en el sur de Tejas. Nos subimos a la troca y fuimos a ver el acontecimiento. Había una larga fila de personas haciendo una peregrinación hacia el sitio, traían flores y ofrendas. No todos podían ver la imagen, pero casi todos sí podían verla.

Dos vaqueros jóvenes habían matado a tiros unas víboras de cascabel y las habían colgado al pie del tanque de agua. Así le advertían a la gente que no se metiera en los campos de algodón porque allí había muchas víboras de cascabel.

Yo soy la del vestido azul, de la mano de mi mamá. Y allí está mi hermano Arturo siguiéndonos.

One afternoon

This is my grandmother Elisa's house. I was ten or eleven, and my friend was a couple of years older. She always wanted to visit my grandmother, and one day I figured out why. It was because she had a crush on a boy that lived nearby. This was their chance to visit with each other. Of course it was okay with my grandmother. She was there, chaperoning, overseeing everything.

My grandmother is crocheting. She was good at making things, just like my mother. She used to let me braid the fringe of the bedspread. I'd be braiding and braiding, but I would have to unbraid everything when it was time to go.

Una tarde

Ésta es la casa de mi abuela Elisa. Tenía yo diez u once años y mi amiga tenía un par de años más. Ella siempre quería visitar a mi abuela, y un día averigüé por qué. Era porque a ella le gustaba un chico que vivía cerca. Ésta era la oportunidad que tenían de verse. Desde luego que mi abuela no veía nada de malo con esto. Ella estaba allí, cuidándolos y vigilándolo todo.

Mi abuela está tejiendo. Ella era muy buena para hacer cosas, como mi mamá. Ella me dejaba trenzar los hilos que colgaban de la sobrecama. Yo trenzaba y trenzaba pero cuando llegaba el tiempo de retirarnos tenía que destrenzarlo todo.

Blessing on the wedding day

This is a cousin's wedding. The bridesmaid is waiting to put the veil on the bride, the father is waiting at the doorway, the grandmother is all dressed and ready to go. Then all of a sudden, everyone gets very quiet because the mother of the bride says it's time for her to bless her daughter. She asks the daughter to kneel down on a cushion.

The daughter is about to leave her parents' house. This is the mother's opportunity to bless her daughter, give her advice, and send her off on the next phase of her life. It's a very special moment.

La bendición en el día de la boda

Ésta es la boda de una prima. La madrina está esperando para ponerle el velo a la novia, el papá está esperando en la puerta, la abuela está vestida y lista para irse. Y de repente todos se ponen muy callados pues la madre de la novia dice que ha llegado la hora de darle la bendición a su hija. Le pide a su hija que se ponga de rodillas en un cojín.

La hija está a punto de salir de la casa de sus padres. Ésta es la oportunidad que tiene la madre para bendecir a su hija, darle consejos, y prepararla para la siguiente etapa de su vida. Éste es un momento muy especial.

CARMEN LOMAS GARZA 1993
La Bendición en el Día de la Boda

Dance at El Jardín

This is a Saturday night at *El Jardín*, a neighborhood restaurant in my home town. It's the summer, so warm that you can dance outside. A *conjunto* band is playing—drums, accordion, guitar, and bass. This is the music I grew up with. Everybody's dancing in a big circle: the young couples, the older couples, and the old folks dancing with the teenagers or children. Even babies get to dance.

I learned to dance from my father and grandfather. This is where my love of dance started. To me, dance means *fiesta*, celebration. You have the music, the beautiful clothes, and all the family members dancing together. It's like heaven. It is heaven.

Baile en el Jardín

Ésta es una noche de sábado en *El Jardín*, un restaurante familiar de mi pueblo natal. Es verano y hace tanto calor que la gente baila afuera. Un conjunto toca con tambora, acordeón, guitarra y bajo. Ésta es la música con la que crecí. Todos bailan formando un gran círculo: las parejas jóvenes, las parejas más grandes, y los viejitos bailan con adolescentes o criaturas. Hasta los bebés se ponen a bailar.

Yo aprendí a bailar con mi padre y mi abuelo. De ahí nació mi amor por el baile. Para mí, el baile representa fiesta, celebración. Aquí está la música, los hermosos vestidos, y todos los miembros de la familia bailan juntos. Es como el cielo. Es la gloria.

"Baile en 1958"
©1995 CARMEN LOMAS GARZA

Carmen lomas garza answers questions from children

Which artists inspired or influenced you?

My mother Maria was the first artist I saw paint. I was about eight years old and she was painting the *tablas* (picture cards) for *lotería* (a Mexican game similar to bingo) with pen and ink and watercolors. I thought she was making magic.

How old were you when you started making art?

I was thirteen years old when I decided to become an artist. I taught myself how to draw by practicing every day. I drew whatever was in front of me—books, cats, my left hand, my sisters and brothers, chairs, chilies, paper bags, flowers—anything or anybody that would stay still for a few minutes.

How long does it take you to make a painting?

It takes from two to nine months to complete a painting. I can paint for about six hours a day and then my fingers and eyes get tired. I do not paint every single day because I also have to work in my office to write letters, make telephone calls, and keep records for my art business.

Do you sell your artwork?

I have sold most of my paintings and lithograph prints. Sometimes it is very difficult to let go of paintings because I get very attached to them—just like parents get very attached to their children and do not want them to move out of their home.

Which painting is your favorite?

I can't really say which painting is my favorite, but I do like to paint interiors like bedrooms and kitchens. My favorite thing to paint is clothing. I can still remember some of the colors and designs of the clothing that my mother sewed for me.

Did you go to college?

I have three college degrees. When I was in high school I could hardly wait to graduate so I could go to college and study art. My parents insisted that all of us go to college to study whatever we wanted.

Do you have children?

When I decided to become an artist I knew that my career was going to take a great deal of time, money, and sacrifice. I also realized that being a devoted mother and an artist at the same time would be very hard, so I decided not to have children. My paintings are my children.

DEDICATION:

This book is for my nieces and nephews, Melissa, Eric, Kimberly, David, Rebecca, Manuel, Maria Xochitl, and Victor Tonatiuh, who have learned to recognize their mother or their father or other relatives in my paintings. It is also for all the other children who will see themselves in the paintings and share the celebrations.

DEDICACIÓN:

Este libro es para mis sobrinos y sobrinas, Melissa, Eric, Kimberly, David, Rebecca, Manuel, María Xochitl y Víctor Tonatiuh, quienes han aprendido a reconocer a sus padres y a otros parientes en mis pinturas. También es para todos los otros niños que se verán a sí mismos en las pinturas y compartirán las celebraciones.

As told to: Harriet Rohmer
Edited by: David Schecter
Spanish translation by: Francisco X. Alarcón
Design and Production: Katherine Tillotson
Editorial/Production Assistant: Laura Atkins

Thanks to the staff of Children's Book Press: Jenny Brandt, Andrea Durham, Janet Levin, Emily Romero, and Stephanie Sloan.

Children's Book Press is a nonprofit publisher of multicultural and bilingual literature for children, supported in part by grants from the California Arts Council.
Visit us at www.childrensbookpress.org or write us for a complimentary catalog:
Children's Book Press, 2211 Mission Street, San Francisco, CA 94110

Library of Congress Cataloging-in-Publication Data
Lomas Garza, Carmen
In my family/pictures and stories by Carmen Lomas Garza; as told to Harriet Rohmer; edited by David Schecter; Spanish translation by Francisco X. Alarcón=En mi familia/cuadros y relatos de Carmen Lomas Garza; contados a Harriet Rohmer; editados por David Schecter; traducidos a español por Francisco X. Alarcón.
p.   cm.
Summary: The author describes, in bilingual text and illustrations, her experiences growing up in an Hispanic community in Texas. .
ISBN 0-89239-163-4   1. Hispanic American families—Juvenile literature. 2. Hispanic Americans—Social life and customs—Juvenile literature. 3. Hispanic American families—Texas—Kingsville—Social life and customs—Juvenile literature. 4. Hispanic Americans—Texas—Kingsville—Social life and customs. 5. Kingsville (Tex.)—Social life and customs—Juvenile literature. 6. Lomas Garza, Carmen—Childhood and youth—Juvenile literature. [1. Hispanic Americans—Social life and customs. 2. Spanish language materials—Bilingual.]   I. Rohmer, Harriet. II. Schecter, David. III. Alarcón, Francisco X., 1954- .
IV. Title. E184.S75L67   1996   306.85'089'68—dc20   96-7471   CIP   AC

Printed in Hong Kong through Marwin Productions
10   9   8   7   6